Ulrich Mücke

Ernesto Che Guevara
5. März 1960

Inhaltsverzeichnis

Explosion in Havanna

Am 4. März 1960 kam es im Hafen von Havanna zu zwei schweren Explosionen auf dem französischen Frachter *La Coubre*. Vermutlich starben fast 100 Menschen, deutlich mehr wurden zum Teil schwer verwundet. *La Coubre* hatte Waffen und Munition für die 15 Monate zuvor an die Macht gekommene revolutionäre Regierung Kubas geladen. Bis heute ist nicht geklärt, ob es sich bei den Explosionen um einen Unfall handelte oder um einen Anschlag der USA oder einer auf eigene Rechnung handelnden Person oder Gruppe. Die USA waren in jedem Fall strikt dagegen, dass die junge kubanische Führung Waffen erhielt. Sie hatten schon im März 1958 ein Waffenembargo gegen Kuba verhängt und damit dem Diktator Fulgencio Batista die Unterstützung entzogen. Gegen Batista hatte sich nicht nur eine kleine schlagkräftige Guerilla-Gruppe unter Fidel Castro gebildet, auch die Gewerkschaften, bürgerliche Parteien und die überwiegende Mehrheit der Bevölkerung wollten den Diktator loswerden. Als dieser dann zum Jahreswechsel 1958/1959 gestürzt wurde, rechnete kaum jemand damit, dass die bärtigen Kämpfer um Fidel Castro sich innerhalb kürzester Zeit all ihrer Konkurrenten entledigen und ein zunehmend autoritäres von der Sowjetunion unterstütztes System installieren würden. Schon 1959 wurden zahlreiche Betriebe enteignet. Da Kuba fest in der Hand US-amerikanischer Unternehmen gewesen war, trafen die Enteignungen auch US-amerikanische Vermögenswerte. Die Beziehungen zwischen den USA und Kuba verschlechterten sich zunehmend und es schien nur noch eine Frage der Zeit zu sein, wann die USA dem kubanischen Experiment ein Ende bereiten würde.

Für die kubanische Staatsführung konnte daher kein Zweifel daran bestehen, dass die Explosionen auf *La Coubre* das

Wikipedia, Alberto Korda, Museo Che Guevara (Centro de Estudios Che Guevara en La Habana, Cuba).

Trauermarsch für die Opfer der *La Coubre*, 5. März 1960. Von links: Fidel Castro, Osvaldo Dorticós Torrado, Che Guevara, Augusto Martínez Sánchez, Antonio Núñez Jiménez, William Morgan und Eloy Gutiérrez Menoyo.

Werk des US-amerikanischen Geheimdienstes waren und dass man diese Aggression zur Festigung der kubanischen Moral und zur Mobilisierung der internationalen Solidarität mit Kuba nutzen musste. Daher fand schon am 5. März – also vor jeder größeren Untersuchung der Explosionen – eine riesige Trauerveranstaltung statt, an der die gesamte revolutionäre Führung sowie Zehntausende von Kubanern*innen teilnahmen. Castro und seine Anhänger*innen wussten seit jeher von der Bedeutung der Öffentlichkeitsarbeit. Während des Guerilla-Kampfes hatten sie Journalisten empfangen und nach dem Sturz Batistas Zeitungen gegründet. Eines ihrer wichtigsten Organe war

Alberto Kordas Kontaktabzüge vom 5. März 1960

Revolución, die später in die bis heute existierende offizielle Zeitung der Kommunistischen Partei Kubas *Granma* aufgehen sollte. *Revolución* übertrug Alberto Korda die Aufgabe, die Trauerveranstaltung am 5. März zu dokumentieren. Korda war zwar vor der Revolution ein dandyhafter Modefotograf gewesen, hatte sich aber schnell mit Haut und Haaren dem neuen Regime verpflichtet, verband also die richtige Einstellung mit großer fotografischer Kunstfertigkeit. Am 5. März interessierten ihn vor allem drei Personen: Fidel Castro, der eine mehrstündige Rede hielt, sowie die beiden französischen Philosophen Jean Paul Sartre und Simone Beauvoir, welche sich in

Havanna aufhielten, um dem Regime internationales Prestige zu verleihen. Nur zwei Fotos schoss Korda von Che Guevara, den er von seinem Standort aus unbemerkt und dennoch aus großer Nähe porträtieren konnte.

alamy 2B02X6F Pictures From History

Guevara mit Simone de Beauvoir und Jean Paul Sartre am 5. März 1960 in Kuba.

Tod und Auferstehung eines Fotos

Die beiden Fotos von Che Guevara erlangten für viele Jahre keine große Bekanntheit. *Revolución* wählte für seinen Bericht natürlich ein Bild Fidel Castros, sodass es den Bildern von Che Guevara so erging wie vielen Bildern von Prominenten: Sie landeten in Fotoarchiven, aus denen sie für die Illustrierung einer Nachricht herausgeholt werden konnten, falls kein besseres Foto zur Verfügung stand. Auch die Explosion von *La Coubre* erlangte welthistorisch keine herausragende Bedeutung, da ihr viel dramatischere Ereignisse folgen sollten. Nur ein gutes Jahr später, im April 1961, versuchten die USA das revolutionäre Regime in Kuba militärisch zu stürzen. Eine von der CIA geführte Truppe von ca. 1300 Exilkubanern landete in der Schweinebucht im Süden der Insel. Die Operation endete in einem Desaster. Trotz Unterstützung durch die US-amerikanische Luftwaffe konnten sich die Exilkubaner nur drei Tage lang halten. Die überwiegende Mehrheit ergab sich der Übermacht der kubanischen Kräfte und wurde später in die USA zurückgeschickt. An der aggressiven Politik der USA konnte nach dieser Invasion kein Zweifel mehr bestehen. Kuba suchte daher zunehmend die Annäherung an die Sowjetunion, was zur nächsten – dieses Mal weltweiten – Krise führte. Denn zum Schutz der Insel sollten auch sowjetische Atomraketen beitragen, was die USA um jeden Preis verhindern wollte. Sie stellten der Sowjetunion und Kuba 1961 ein Ultimatum zum Abzug von Atomwaffen aus Kuba und verhängten eine Seeblockade, welche den Transport von sowjetischen Militärmaterial nach Kuba stoppen sollte. Als sich im Oktober ein russischer Frachter den US-amerikanischen Kriegsschiffen näherte, drohte ein militärischer Konflikt zwischen den beiden Supermächten. Schließlich aber verzichtete die Sowjetunion darauf,

auf Kuba Atomraketen zu stationieren. Die Supermächte waren zufrieden, aber innerhalb der kubanischen Führung gab es sehr unterschiedliche Meinungen, welche Schlüsse aus dem Ende der Krise zu ziehen seien. Hatte die Sowjetunion Kuba verraten oder konnte man sich weiter auf die kommunistische Supermacht verlassen? Sollte man die Weltrevolution auf eigene Kosten und zum eigenen Schutz vorantreiben oder sollte man sich auf Kuba beschränken und darauf vertrauen, dass die USA keine weiteren Angriffspläne hegten?

Ernesto Che Guevara wollte die Revolution in die Welt tragen. 1965 reiste er in den Kongo, um die dortigen Guerillakämpfe zu unterstützen. Das Unternehmen geriet zum Fiasko, was in den Augen Guevaras aber vor allem mit der mangelnden Moral der afrikanischen Revolutionäre erklärt werden konnte. Nur ein Jahr später, 1966, startete er daher den nächsten Versuch, das kubanische Revolutionsmodell zu exportieren und baute in Bolivien eine Guerillaeinheit auf. Anders als zehn Jahre zuvor in Kuba blieben Guevara und seine Gefährten in Bolivien völlig isoliert. Sowohl die einfache Landbevölkerung als auch die linken politischen Kräfte des Landes beäugten die ausländischen Guerilla-Kämpfer mit Misstrauen. Unterstützt von den USA hatten die bolivianischen Streitkräfte nicht viel Mühe, die Guerilla einzukreisen und zu zerschlagen. Am 8. Oktober 1967 nahmen sie Che Guevara gefangen und erschossen ihn ohne Gerichtsverhandlung und gegen geltendes Recht einen Tag später.

Das Guerillaunternehmen in Bolivien kostete Che Guevara das Leben, aber es war gleichzeitig Auslöser für den kometenhaften Aufstieg jenes Fotos, das Alberto Korda am 5. März 1960 geschossen hatte. Korda hatte die Ränder des Fotos beschnitten, sodass aus dem Querformat mit Palme rechts und Profil eines Mannes links ein hochformatiges Portrait Che Guevaras geworden war. Korda gab dieses Foto dem italienischen Verleger und Multimillionär Giangiacomo Feltrinelli, der als begeisterter Revolutionär auf Kuba zu Besuch war. Nach seiner Rückkehr in Italien fürchtete Feltrinelli um das Leben

Paris Match 19. August 1967.

Guevaras in Bolivien und wollte ihn dadurch schützen, dass er ihn in Europa der Öffentlichkeit bekannt machte. So stellte er das Bild der bekannten französischen Illustrierten *Paris Match* zur Verfügung, die in einem mehrseitigen Artikel über „Die Guerilleros" am 19. August 1967 eine komplette Seite für das Foto reservierte.

Gleichzeitig produzierte Feltrinelli Zehntausende von Plakaten mit dem Konterfei des Che Guevara. Im selben Jahr bearbeitete der irländische Künstler Jim Fitzpatrick das Foto Alberto Kordas und schuf jenes Bild, das heute millionenfach verwendet wird. Beide Varianten des Fotos erschienen seit Ende 1967 auf unzähligen Demonstrationen in Europa, Lateinamerika und den USA.

Che Guevara war zwar im Oktober 1967 gestorben, sein Bild war nun aber plötzlich allgegenwärtig. Das Ziel, Guevaras Leben zu retten, hatte Feltrinelli verfehlt, aber er hatte ein Bild popularisiert, das von nun an seine eigene Geschichte haben würde.

Stiftung Haus der Geschichte, Wikipedia

Antikriegsdemonstration in West-Berlin, 1968.

Idol der '68er

Ernesto Che Guevara konnte Ende der 1960er und Anfang der 1970er Jahre zu einem so bedeutenden Idol werden, weil sich mit seinem Namen verschiedene Hoffnungen und Sehnsüchte vor allem junger Menschen verbanden. Guevara schien mit seiner Theorie zum Guerillakrieg einen Weg gefunden zu haben, die Welt von allen denkbaren Übeln zu befreien. Er wurde damit zu einer wichtigen Referenz der neuen Linken, die Guevaras Bruch mit dem althergebrachten Verständnis der sozialistischen Revolution begeistert aufnahm. Drei Thesen dieser Theorie waren von besonderer Bedeutung. Erstens ging Guevara davon aus, dass die Revolution in Gang gesetzt werden könne von einer relativ kleinen Gruppe von Revolutionären, welche dazu den bewaffneten Kampf aufnehmen müssten. Zweitens müssten sie dies in einer ländlichen Region in einem armen Land der so genannten Dritten Welt tun. Und drittens sei es dann möglich, dass die Kampfeinheiten, welche aus der kleinen Gruppe der Revolutionären hervorgehen würden, eine reguläre Armee besiegen könnten. Eine solche Theorie brach mit fast allen Pfeilern des sozialistischen Revolutionsverständnisses. Denn Guevara zufolge musste man eben nicht abwarten, bis die so genannten objektiven Bedingungen herangereift waren. Eine kleine Gruppe entschlossener Männer konnte die Revolution praktisch jederzeit in Gang setzen. Im Laufe der Kämpfe – so die Vorstellung – würden dann die Bauern und Armen anfangen, die Revolution zu unterstützen. Anders als andere erfolgreiche Revolutionsführer (z. B. in Asien) war Guevara auch nicht der Meinung, dass man eine (sozialistische oder kommunistische) Partei brauche, um die Revolution zu führen. In Guevaras Theorie spielt die Organisation der Revolution nur eine nachgeordnete Rolle. Wichtig sind der Kampf selbst und die Entschlossenheit der Revolutionäre. Es ist die Revolution selbst und nicht die Partei, welche die Kämpfer erzieht und ihnen den Weg zum Sieg zeigt. Eine solche Theorie war für die Neue Linke in Europa, Nord- und Lateinamerika attraktiv, weil man sich nun den Beginn der Revolution vorstellen konnte, obwohl offenkundig weder die Masse der Arbeiter noch die der Landbevölkerung eine Revolution forderten oder gar in revolutionären Gruppen zusammengeschlossen waren. Auch eine winzige Gruppe konnte die Revolution in Gang setzen, also eine welthistorische Bedeutung besitzen – unabhängig von der Frage, ob sie im Moment auch nur einen mikroskopisch kleinen Teil der Bevölkerung erreichte. Guevaras Guerillatheorie zufolge war Geschichte machbar, wenn man es nur wollte. Sie verbreitete die Hoffnung, dass jeder einzelne Mensch den Gang der Weltgeschichte ändern könne, und dass es nicht die wirtschaftlichen, sozialen und politischen Strukturen waren, welche die zukünftige Entwicklung bestimmen würden. In diesem Sinne entsprach seine Theorie genau dem Verständnis der westlichen Demokratien, in denen die Vorstellung herrscht, dass jeder Einzelne den Gang der Dinge mitbestimmt, wie es der Wahlkampfslogan des 44. Präsidenten der USA ausdrückte: „Yes, we can".

Die als Fokustheorie bezeichneten Behauptungen Guevaras wurden von Millionen von Menschen geglaubt, obwohl sie offenkundig eine Mischung aus Wunschvorstellungen und Allmachtsfantasien darstellten. Ihre Überzeugungskraft bezogen sie vor allem aus der Tatsache, dass Guevara gleich einen Beleg für die Richtigkeit seiner Theorie beisteuerte: die Geschichte der kubanischen Revolution. Drei Jahre nach Veröffentlichung seiner Guerillatheorie erschien 1963 das *Kubanische Tagebuch*, welches dem neuen Regime maßgeblich half, seine Darstellung vom Sturz des kubanischen Diktators Batista weltweit zu verbreiten. Grundlegend für diese bis heute vielfach geglaubte Geschichte ist die These, dass es in erster Linie die wenigen Kämpfer um Fidel Castro waren, welche durch ihren heldenhaften Einsatz Kuba von einer brutalen Diktatur befreiten. Die Geschichte hat daher ihren Ausgangspunkt im mutigen Übersetzen der kleinen Truppe vom mexikanischen Exil nach Kuba. Sie erzählt weiter, wie die Guerilleros von Beginn an einer ihnen weit überlegenen Streitmacht gegenüberstanden und daher gleich zu Anfang erhebliche Verluste zu beklagen hatten. Nur wenige Dutzend Kämpfer überlebten. Diese Kämpfer aber ließen sich durch die Rückschläge nicht erschüttern. Sie fürchteten den Tod nicht und waren fest entschlossen, den Diktator zu stürzen. Da sie so mutig und klug waren, gelang es ihren Gegnern nicht, sie aufzuspüren und zu vernichten. Nach und nach erhielten sie Unterstützung von der Landbevölkerung. Sie wurden mit Lebensmitteln versorgt und eine immer größere Zahl von Menschen wollte sich ihnen anschließen. Aus der kleinen Schar wurde so eine stetig wachsende Streitmacht, die sich ausschließlich aus entschlossenen und von ihrer Sache überzeugten Kämpfern zusammensetzte. Der Feind dagegen wusste, dass er für ein verrottetes System stritt. Er hatte keine Moral und wurde daher schließlich in glorreichen Kämpfen besiegt.

So schön die Geschichte auch klingt, die Guevara und das revolutionäre Regime auf Kuba verbreiteten, sie hat wenig mit den historischen Vorgängen zu tun. Tatsächlich waren die Männer um Castro nur eine von vielen Oppositionsbewegungen, die das Batista-Regime stürzten. Selbst die USA entzogen Batista 1958 die Unterstützung. Große militärische Auseinandersetzungen mit der Armee lieferten sich die Männer unter Castro zu keinem Zeitpunkt. Sie wären dazu auch nicht in der Lage gewesen. Die Batista-Diktatur wurde Ende der 1950er Jahre von fast allen Schichten, Gruppen und politischen Bewegungen bekämpft, und als der Diktator floh, ging fast niemand davon aus, dass die Männer um Fidel Castro innerhalb kürzester Zeit die alleinigen Machthaber werden und ein sozialistisches System einführen würden. Vermutlich hatte dies Fidel Castro auch nicht geplant.

Das Bild Guevaras fochten diese historischen Zusammenhänge nicht an. Er hatte eine Theorie und die dazu gehörige

Geschichte geliefert und hatte dann ein Leben gelebt, das den von ihm aufgestellten Leitsätzen entsprach. Während Ho Chi Minh und Mao Zedong 1968 noch lebten und erst in hohem Alter an Herzversagen sterben sollten, hatte Guevara die Gefahr nicht gescheut und war für den Glauben an seine Theorie gestorben. Sein früher Tod machte ihn nicht nur zum Märtyrer. Er verhinderte auch, dass Guevara den Protestierenden als ein alternder Mann erscheinen konnte. Zwar war der 1928 geborene Guevara deutlich älter als die meisten der jungen Demonstranten*innen, die sich unter seinem Bild versammelten. Aber das Bild stammte ja von 1960, zeigte also einen 32-jährigen, der so etwas wie ein älterer Bruder von Studierenden hätte sein können. Für die Protestbewegungen Ende der 1960er und Anfang der 1970er Jahre verband das Bild Guevaras daher Jugendlichkeit mit einer neuen politischen Theorie, einem heldenhaften erfolgreichen Kampf und einer außergewöhnlichen persönlichen Konsequenz.

Alamy, Mary Ann Owen, DMW8E7

1. Dezember 2000; Las Vegas, NV, USA; Boxer Mike Tyson zeigt sein Tattoo.

Karriere eines Bildes

In den 1960er und 1970er Jahren versuchten viele junge Menschen, vor allem Männer, dem Vorbild Guevaras zu folgen. Viele von ihnen begannen einen bewaffneten Kampf, der nur Verlierer kennen sollte. Mit dem Zusammenbruch der Sowjetunion und der anschließenden Auflösung des Ostblocks schwand jede Hoffnung auf die von Guevara propagierte bewaffnete sozialistische Revolution in den armen Ländern der Welt. Das politische Projekt Guevaras war gescheitert. Sein Bild aber wurde immer beliebter. Heute ist es omnipräsent. Es gibt kaum etwas, was nicht mit dem Konterfei von Guevara geschmückt und verkauft wird. Unterwäsche, Babykleidung, Bettbezüge, Kondome, jede Art von Schmuck, Handyhüllen, Untersetzer, Uhren, Kalender, Puzzle, Computerspiele und alle denkbaren Waren gibt es mit dem Konterfei des lateinamerikanischen Revolutionärs. Sein Bild sieht man auf Häuserwänden, auf und in Bussen und als Tattoo auf der Haut von unzähligen Menschen, allen voran auf jener von Diego Armando Maradona. Aber der legendäre argentinische Fußballer ist nicht der einzige, der sich mit Guevaras Gesicht schmückt. Auch der Ex-Boxer Mike Tyson trägt ein Guevara-Tattoo und die Sängerin Madonna trat in Guevara-Verkleidung auf.

Letzteres mag wenig originell erscheinen, gibt es doch mittlerweile Guevara-Kostüme, die man sich für Fasching leihen kann. Dass das Guevara-Bild fast fünfzig Jahre nach seinem Tod vor allem positiv besetzt ist, brachte der Künstler Maurizio Cattelan mit dem Schachspiel *Good vs. Evil* zum Ausdruck. Unter den „Bösen", den schwarzen Figuren, finden sich Adolf Hitler, Josef Stalin, aber auch die Schlange aus dem Paradies. Zu den „Guten" gehört neben Ghandi und Maria auch Guevara als Damenläufer. Das Werk wurde 2013 über das Auktionshaus Sotheby's für 170.500 Britische Pfund verkauft.

Seit vielen Jahren wird das Bild aufgrund seiner positiven Besetzung in der Werbung verwendet. Ungezählt sind die Kneipen, Restaurants und Geschäfte, die mit Guevaras Konterfei werben oder sich gleich nach ihm benennen. Große Firmen wie Gaultier oder der Autoverleiher Europcar warben mit dem Bild. Einen Reinfall erlebte dagegen die Daimler AG, als die Firma 2012 Guevara für ihre Zwecke einspannen wollte. Das Unternehmen hatte eine App für seine Autos entwickelt, mit der die Fahrer*innen Mitfahrer*innen suchen konnten. Auf einer großen Werbeveranstaltung in den USA pries der Vorsitzende der Daimler AG diese angeblich revolutionäre Technologie, die, wie er erklärte, dem Ziel möglichst viele Autos zu verkaufen, eigentlich zuwiderliefe. Aber wenn dies eine Revolution sei, so würde er sagen „Viva la Revolución". Im Hintergrund sah man dabei das bekannte Korda-Foto hinter dem „Viva la Revolución" stand. Lediglich der Stern im Barett Guevaras war durch den Mercedesstern ersetzt worden. Nach diesem Auftritt entfachten konservative US-amerikanische Kreise einen Proteststurm, der den Konzern schnell dazu brachte, sich für die Verwendung des Guevara-Bildes zu entschuldigen. In Argentinien dagegen löste die Werbung einen Skandal aus, weil der Konzern die linke argentinische Ikone verwendet hatte, obwohl er während der Militärdiktatur (1976–1983) Gewerkschafter an die Polizei verraten und damit dem sicheren Tod ausgeliefert habe.

Klüger hatte es der französische Autobauer Renault angestellt, der 2008 ein Modell seiner rumänischen Billig-Marke Dacia mit einem Film beworben hatte, in dem auch Guevara dargestellt wird. Der Film spielt in einer Art tropischen Altersheim oder Jenseits, in dem sich die Revolutionäre der Vergangenheit treffen – Marx, Gandhi, Lenin, Castro, Luxemburg und eben auch Guevara. Alle sind müde und beschäftigen sich mit Belanglosigkeiten, offensichtlich desillusioniert von der Vergeblichkeit ihres revolutionären Tuns. Guevara und Marx sitzen

Schachspiel „Gut gegen Böse" von Mauricio Cattelan, hier sind nur die „Guten" abgebildet mit Che Guevara und Gandhi als Läufer.

zusammen und schauen in die Ferne, als Guevara sagt: „Man müsste eine neue Revolution starten." und Marx antwortet: „Aber eine, die den Menschen etwas nutzt". Hierauf erscheint das beworbene Automobil. Guevara wird in dieser Werbung gerade nicht ungebrochen als Held dargestellt, sondern als ein gescheiterter Mensch, dessen Ideale aber dennoch letztendlich gut gewesen sind.

Vor allem in den USA wird die immer weitere Verbreitung des Guevara-Bildes kritisiert. Man versteht nicht, warum das Bild eines Mannes populär sein kann, der noch kurz vor seinem Tod in der „Botschaft an die Trikontinentale" zum „Hass" und zum „absoluten Krieg" aufrief und der verlangte, dass sich der Mensch in „eine wirksame, gewaltsame, selektive und kalte Tötungsmaschine" verwandelt (Guevara, Politische Schriften, S.125f). Sind alle, die sich mit Guevaras Konterfei

Ansichtskarten für Touristen im Quartier Latin in Paris.

zieren, also „nützliche Idioten", die einem „Mörder" huldigen? (Humberto Fontova). Die meisten Menschen, die sich mit Guevaras Bild schmücken, haben vermutlich keine Ahnung von der historischen Person. Das Bild von Ernesto Che Guevara ist ein berühmtes Symbol, das heute von fast niemandem mit Hass und Mord assoziiert wird. Die Bedeutung des Bildes hat sich im Laufe der Zeit gewandelt. War es zunächst ein Pressefoto, wurde es nach einigen Jahren zu einem politischen Symbol der neuen radikalen Linken, um sich dann zu entpolitisieren und zu einem Ausdruck von Jugendlichkeit und Freiheit zu mutieren. Dass diese Transformation gelang, liegt auch an den Qualitäten des Bildes.

Das Bild

Eine Bedingung für die Verwandlung war die Entpersonalisierung des Bildes durch Fitzpatrick. Das bekannte, grob gerasterte Guevara-Bild zeigt uns kein eindeutig erkennbares individuelles Gesicht, sondern eine Reihe von Attributen. Am wichtigsten ist dabei das, was man als schwarzen Rahmen bezeichnen kann: die Stirn mit dem darüber sitzenden Barett, links und rechts die Haare und unten der Bart. Weder das Barett noch die Haare oder der Bart sind als solche erkennbar und nur weil man sieht, dass es sich um ein Gesicht handelt, sieht man auch Barett, Haare und Bart. Während der obere Rand des Gesichts diesem einen markanten und damit männlichen Ausdruck verleiht, wirken die Haare ungekämmt und noch allen Seiten abstehend. Allerdings kann man nicht erkennen, ob es sich wirklich um lange Haare oder eher um zerzauste Haare handelt, was im ursprünglichen Foto möglich ist. Da der schwarze Rahmen des Gesichts fast rechteckig ist, wirkt die Person sehr männlich. Gleichzeitig stehen die Haare für Freiheit, Wildheit, Unabhängigkeit. Es handelt sich eindeutig um einen Mann, der seine Haartracht nicht beruflichen Anforderungen anpassen muss. Er ist kein „Spießer", sondern eine freie Person. Dieser Mann hat – und das sind zwei weitere wichtige Elemente – schöne Augen und kräftige Lippen. Der Blick auf das Bild fällt zunächst unweigerlich auf die Augen, deren Größe durch die starken Augenbrauen betont wird. Der Mann ist also nicht nur männlich (Stirn), frei (Haare), sondern auch schön (Augen). Und schließlich ist er weich bzw. sensibel, denn dafür stehen die breiten Lippen (die Guevara lediglich auf dieser grobkörnigen Abbildung hat). Die Lippen relativieren den Eindruck der Stirn, so dass ein Typus eines wahren Mannes, der aber eine weiche Seele hat, entsteht. Das

Bild wirkt dabei gerade aufgrund seiner Technik modern. Es ist kein Fotoabzug, sondern eine künstlerische Verfremdung eines Fotos. Das Bild enthält nur ein einziges politisches Symbol: den Stern auf dem Barett. Diesen Stern kann man als Bekenntnis zum Kommunismus lesen, so wie es von Guevara sicherlich gemeint war. Es ist aber unwahrscheinlich, dass die meisten Menschen auf der Welt diese Bedeutung kennen, denn das Pentagramm (der fünfzackige Stern) ist ein jahrtausendealtes Symbol, das in unterschiedlichen Kulturen sehr unterschiedliche Dinge und Zusammenhänge ausdrückt. Der Stern wird daher vermutlich in der Regel weniger als Bekenntnis zum Kommunismus verstanden, sondern vielmehr als eine etwas unklare Verbindung zu irgendetwas Bedeutungsvollem. Es verlieht dem Bild Schwere und Weihe. Die Person ist mit etwas Höherem verbunden. Bezeichnenderweise hat Fitzpatrick bei seiner Bearbeitung des Korda-Fotos nicht nur die Darstellungsform geändert, er hat auch den Ausschnitt des Bildes noch mal reduziert. Während Korda, wie oben erwähnt, den linken und rechten Rand beschnitten hatte, fokussierte Fitzpatrick noch stärker auf den Kopf. Dem fiel nicht nur links und rechts der hellgraue Hintergrund zum Opfer, sondern vor allem Brust und Schulter von Guevara. Während auf dem Korda-Foto zu erkennen oder zu erahnen ist, dass Guevara eine Militäruniform trägt, ist auf dem Fitzpatrick-Bild jede eindeutige Verbindung mit dem Militär verschwunden.

Die Qualität des Bildes lässt sich auch im Vergleich zu anderen Idolen und Symbolen erkennen. Das Foto entsprach den Trends und Moden von Männlichkeit der späten 60er und 70er Jahre. Die langen Haare finden sich nicht nur bei Che Guevara, sondern auch bei manchen anderen männlichen Pop-Ikonen, wie Mick Jagger oder John Lennon. Sie unterschieden sich dadurch deutlich von älteren ordentlich frisierten Stars, wie James Dean zum Beispiel. Auch der schüttere Drei-Tage-Bart wurde Anfang der 1970er Jahre von manchen Helden der Popkultur gepflegt, wie z. B. von Jimi Hendrix. Guevaras Aussehen auf dem berühmten Foto erinnerte daher von Beginn

Rolling Stones-Sänger Mick Jagger in München, 28 September 1973.

John Lennon, November 1969.

Alamy, Photo 12. B819JY

James Dean

an immer auch an die Helden der Jugend und recht wenig an einen zu führenden Krieg (für die Befreiung, die Revolution oder den Kommunismus). Die Kompatibilität dieses Bildes mit der Popkultur fiel sofort nach dem Bekanntwerden des Fotos 1967 auf. Schnell entstand eine Reproduktion im Warhol-Stil, die von dem Künstler selbst oder einem seiner Anhänger angefertigt wurde und ein berühmtes Warhol-Werk mit Marilyn Monroe imitierte. Kurz darauf erschien Guevara – noch einmal verfremdet – auf dem Titelblatt der New Yorker Literaturzeitschrift Evergreen.

Die Ästhetik des Bildes passte aber nicht nur in die 1960er und 1970er Jahre. Sie ist bis heute modern. 2003 kam der Film *Pirates of the Caribbean* in die Kino, in dessen Titelrolle Johnny Depp einen Piraten spielte, der auf den Filmplakaten erstaunliche Ähnlichkeiten mit dem Guevara-Foto aufwies. Die Stirn durch ein Kopftuch abgeschnitten, ein ungepflegter Bart,

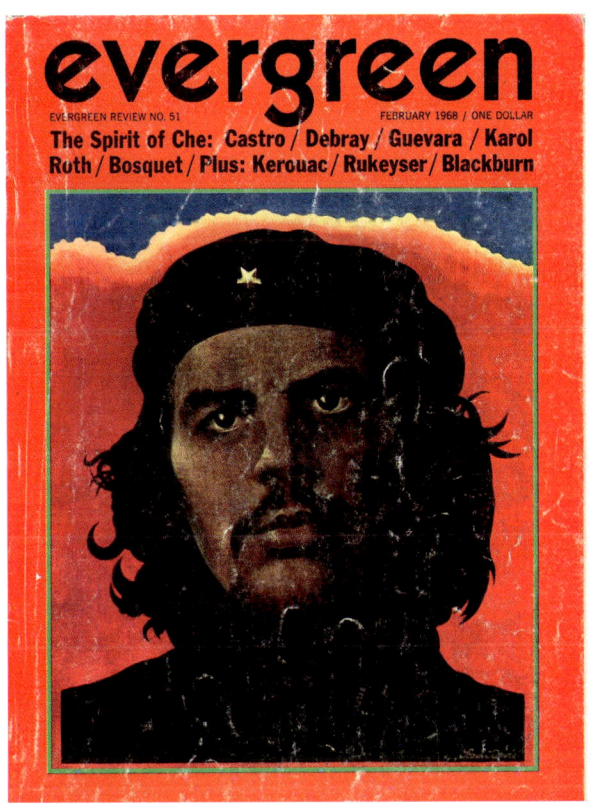

Titelseite Evergreen Review Nr. 51, Februar 1968.

lange (allerdings sehr lange) Haare und zwei Augen, welche die Schnittlinien des Bildes zusammenführen.

Der Film hatte so großen Erfolg, dass bis 2017 vier weitere Folgen gedreht wurden, die immer wieder mit Johnny Depp im Guevara-Look beworben wurden, wobei das Kopftuch später durch einen dreizackigen Hut ersetzt wurde. Depp selber ließ sich mit dem berühmten Bild Guevaras und Alberto Korda fotografieren und der Film war Anlass für eine erneute Verwandlung des Bildes, bei dem das Barett durch den Hut aus *Pirates of the Caribbean* ersetzt wurde. Die andauernde Popularität

Filmplakat „Pirates of the Caribbean"

des Bildes zeigt, wie stark sich ästhetische Präferenzen weltweit angenähert haben. Denn anders als z. B. das Friedenszeichen oder die Markenzeichen von großen Unternehmen wie die drei Streifen von Adidas z. B. zeigt das Guevara-Bild ein Gesicht, das zwar grob gerastert und entindividualisiert ist, aber als Gesicht klar zu erkennen ist. Ob dieses Gesicht als schön und bewundernswert oder als hässlich und abstoßend wahrgenommen wird, hängt von den ästhetischen Normen der jeweiligen Gesellschaft ab. Dass das Bild von Korda weiterhin von Millionen Menschen verwendet wird, verweist nicht nur auf ästhetische Kontinuitäten, sondern auch auf das Überdauern eines bestimmten Männlichkeitsideals (dunkel, kantige Linien, weich und hart zugleich). Das Bild wird also vermutlich erst an Bedeutung verlieren, wenn sich die ästhetischen und geschichtlichen Normen verändern. Aber vielleicht überlebt es auch eine solche Veränderung, indem es erneut variiert wird.

Vom Kämpfer zum Globetrotter

Die Verwandlung des Ernesto Che Guevara in ein fast überall beliebtes Bild trug erheblich zur Neubewertung seiner Person bei. Guevara wurde nach und nach nicht mehr als ein typischer Vertreter des bedingungslosen Kampfes gegen den Kapitalismus im Kontext des Kalten Krieges gesehen, sondern als ein überzeitliches Wesen, das den Menschen Freiheit und Glück sichern wollte und dafür sein eigenes Leben gab. Die Romantisierung Guevaras wurde aktiv durch die Publikation von Tagebüchern vorangetrieben, die Guevaras erste Lateinamerikareise in den Jahren 1951 und 1952 zum Gegenstand haben. Che Guevara selbst hatte Tagebücher aus dieser Zeit nicht publiziert und bis heute sind die Manuskripte der Öffentlichkeit nicht bekannt. In den 1992 publizierten Tagebüchern erscheint ein Ernesto Guevara, der sehr wenig mit dem überzeugten Soldaten des Sozialismus der 1960er-Jahre zu tun hat. Guevara reiste mit seinem Freund Alberto Granado auf einem Motorrad durch Chile, Peru, Kolumbien und Venezuela. Peru gehörte damals zu den ärmsten Ländern Südamerikas, während Guevaras Heimat Argentinien relativ reich war, selbst im Vergleich zu südeuropäischen Ländern wie z. B. Spanien oder Portugal. Die Tagebücher beschreiben die Eindrücke eines jungen Mannes, der von der Weite der Andenlandschaft fasziniert und von der Armut der Menschen schockiert ist. Guevara hatte für die Reise sein Medizinstudium unterbrochen, aber er besaß schon einige grundlegende Kenntnisse und konnte daher unterwegs immer wieder als Mediziner helfen. Eine Zeitlang arbeitete er auch auf einer Lepra-Station im Amazonastiefland. Als Argentinier aus akademischem Elternhaus wurden Guevara und sein Freund in der Regel sehr bevorzugt aufgenommen und sowohl von den lokalen Honoratioren und Autoritäten als auch von den einfachen Leuten respektvoll und zuvorkommend behandelt.

Die Reisetagebücher erschienen just nach dem Zusammenbruch der Sowjetunion, als sich Kuba in einer schweren Krise befand, da das Land nun alle Unterstützung durch die kommunistische Supermacht verlor. Sie machten den Mann auf dem Plakat noch mal erheblich jünger, da der reisende Guevara gerade 24 Jahre alt gewesen war. Gleichzeitig schufen sie ein Bild von Guevara, das besser zu der europäischen und amerikanischen Jugend der 1990er passte. Es ging nun nicht mehr um den bewaffneten Kampf, sondern um das Umherschweifen in der Welt, das Sich-Selbst-Erleben und die Natur-Entdecken. Den Armen wurde in den Reisetagebüchern nicht durch die bewaffnete Revolution, sondern durch medizinische Versorgung und Empathie geholfen. Das passte gut zu einer Zeit, in der „Ärzte ohne Grenzen" den Friedensnobelpreis erhielt (1999) und immer mehr Jugendliche ein *gap year* einlegten, um Gutes zu tun und/oder die Welt kennenzulernen. Guevara war plötzlich einer von ihnen. Dieses Bild wurde noch einmal verstärkt durch den Spielfilm „Die Reise des jungen Che", der 2004 in die Kinos kam und auf der Tagebuchgeschichte beruhte. Der vielfach preisgekrönte Film war ein großer Publikumserfolg und prägte das Bild Guevaras nachhaltig. Das *road movie* machte aus Guevara einen Filmschönling, der die Welt bereist, bestaunt und verbessern möchte. Damit war Guevara endgültig im Mainstream des internationalen Show-Business angekommen. Das Bild Fitzpatricks hatte über die historische Person Guevaras triumphiert. Sein Konterfei stand nicht mehr für die gewaltsame Revolution, sondern für jugendliche Schönheit, Unterhaltung und die Gewissheit, dass man selbst auf der richtigen Seite steht, da man die Schrecken der Welt aufrichtig bedauert.

Die heiligen Stätten

Das Bild Ernesto Che Guevaras hat sich in den letzten Jahrzehnten zu einem Symbol entwickelt, das von jedem*r verwendet werden kann, um ein Produkt oder sich selbst zu bewer-
ben. Guevaras Konterfei ist ein Musterbeispiel für die Fähigkeit
der westlich-kapitalistischen Gesellschaft, sich auch die Sym-
bole ihrer ärgsten Feinde anzueignen und damit für sich zu
werben. Kämpfte der Mensch Guevara seit seinem 25ten Le-
bensjahr mit aller Macht gegen das System, so ist sein Antlitz
heute gut integrierter Teil der Werbeindustrie.

Diese Verwandlung des Ernesto Che Guevara führte in den
letzten Jahrzehnten dazu, dass er für die Stätten, an denen er
wirkte, eine unerwartete Bedeutung erlangte. An erster Stelle
ist das auf Kuba zu beobachten. Dort hatte der wirtschaftli-
che Einbruch nach dem Kollaps der Sowjetunion zu einer Öff-
nung der Grenzen für den internationalen Tourismus geführt.
Schnell wurden die ausländischen Besucher zu einer wichtigen Devisenquelle des Landes. Das Bild Guevaras kam da
gerade richtig, um Kuba das Image einer jugendlichen aufge-
schlossenen Insel zu geben. Der Platz der Revolution, mit dem
riesigen Guevara-Konterfei ist ein Touristen-Hotspot, an dem
sich auch der US-amerikanische Präsident Barack Obama bei
seinem Kuba-Besuch fotografieren ließ. Neben Havanna dient
Santa Clara als Che Guevara-Touristenziel. Hier wird der soge-
nannten Schlacht von Santa Clara gedacht, die kurz vor der
Flucht Batistas aus Kuba stattfand. Eine Guerilla-Einheit unter
dem Kommando von Guevara ließ einen Zug mit Truppen ent-
gleisen, die sich ohne Kampfhandlungen ergaben, was einen
der größten Erfolge der Guerilla in ihrem dreijährigen Kampf
darstellte. 1988 wurde in Santa Clara ein Monument zur Er-
innerung an dieses Ereignis eröffnet, das von einem sechs

Shutterstock/EPA, Ernesto Alejandro. 8285030w

Der US-Präsident Barack Obama in Havanna, 21. März 2016.

Meter hohen Guevara-Denkmal gekrönt wird. Nach der Rück-
führung des Leichnams Guevaras nach Kuba wurde das Monument 1997 durch ein Mausoleum erweitert, in dem die Ge-
beine Guevaras liegen.

Ähnlich wie auf Kuba wird auch andernorts versucht, von
der Popularität Guevaras zu profitieren. In Guevaras Ge-
burtsstadt Rosario in Argentinien empfiehlt die lokale Tou-
rismusagentur eine „Che-Tour", auf der man u. a. an seinem
Geburtshaus, an einem Guevara-Denkmal und an einem Gue-
vara-Studienzentrum vorbeikommt. Die Tour beinhaltet auch
„die kleine Bank des Che", bei der es sich um die Parkbank
handelt, auf der das erste Foto von Guevara als Baby entstand.
So wie der Geburtsort Guevaras touristisch vermarktet wird, so
wird auch versucht, den Ort seines Todes finanziell zu verwer-
ten. In La Higuera in Bolivien ist eine Gedenkstätte mit einem

Gedenkstätte für Che Guevara am Ort seiner Ermordung in Bolivien.

überlebensgroßen Denkmal Guevaras neben einem Kreuz eröffnet worden. Auch andere Orte werben mittlerweile damit, dass Guevara sich dort aufgehalten hat, z. B. während seiner Motorrad-Reise 1952. So ist Guevara in der Tourismusindustrie der Länder angekommen, die er als Kind und junger Erwachsener kennenlernte.

Das Bild Guevaras ist heute fester Bestandteil der visuellen Kultur der globalisierten Welt. Es ist Teil der Tourismusindustrie verschiedener Länder, hat sich eine feste Position im internationalen Kunstmarkt erobert und bietet sicherlich noch viele Möglichkeiten zur kommerziellen Nutzung in der Mode, der Werbung und der Filmindustrie. Ein Ende des Guevara-Booms ist noch lange nicht abzusehen.

Literatur

Casey, Michael, *Che's afterlife. The legacy of an image,* New York: Vintage Books, 2009.

Fontova, Humberto, *Exposing the real Che Guevara and the useful idiots who idolize him,* New York: Sentinel, 2007.

Guevara, Ernesto Che, *Bolivianisches Tagebuch,* Köln: Kiepenheuer & Witsch, 2008.

Guevara, Ernesto Che, *Der Partisanenkrieg,* Berlin: Rixdorfer Verlagsanstalt, 1981.

Guevara, Ernesto Che, *Kubanisches Tagebuch,* Köln: Kiepenheuer & Witsch, 2008.

Guevara, Ernesto Che, *Politische Schriften. Eine Auswahl,* Berlin: Wagenbach, 1976.

Guevara, Ernesto Che, *The motorcyle diaries. Latinoamericana. Tagebuch einer Motorradreise 1951/52,* Köln: Kiepenheuer & Witsch, 2009 (5. Aufl.).

Koenen, Gerd, *Traumpfade der Weltrevolution: das Guevara-Projekt,* Frankfurt/M. : Fischer-Taschenbuch-Verlag, 2012 (1. Aufl. 2008).

Lahrem, Stephan, *Che Guevara. Leben, Wirk, Wirkung,* Frankfurt/M.: Suhrkamp, 2010 (4. Aufl.).

Mücke, Ulrich, „*Che Guevara*", in: Pim den Boer u. a. (Hg.), Europäische Erinnerungsorte, München: Oldenbourg, 2012 (Bd. 3), S. 243–252.

Niess, Frank, *Che Guevara,* Reinbek bei Hamburg: Rowohlt Taschenbuch Verlag, 2013 (4. Aufl.).

Smith-Llera, Danielle, *Che Guevara's face. How a Cuban photographer's image became a cultural icon,* North Mankota: Compass Point Books, 2017.